La evaporación

William B. Rice

Asesor

Scot Oschman, Ph.D.
Distrito escolar unificado península de Palos Verdes
Rancho Palos Verdes, California

Créditos

Dona Herweck Rice, *Gerente de redacción*; Lee Aucoin, *Directora creativa*; Don Tran, *Gerente de diseño y producción;* Timothy J. Bradley, *Gerente de ilustraciones*; Conni Medina, M.A.Ed., *Directora editorial*; Katie Das, *Editora asociada*; Neri Garcia, *Diseñador principal*; Stephanie Reid, *Editora fotográfica*; Rachelle Cracchiolo, M.S.Ed., *Editora comercial*

Créditos fotográficos

portada Roman Sigaev/Shutterstock; p.1 Roman Sigaev/Shutterstock; p. 4 Fabrizio Argonauta/Dreamstime; p.5 (arriba) A_Sh/Shutterstock, (abajo) vblinov/Shutterstock; p.6 Peter Clark/Shutterstock; p.7 Pavel K/Shutterstock; p.8 Nikolay Okhitin/Shutterstock; p.9 Stephanie Reid; p.10 ArtyFree/Shutterstock; p.11 Bernd Meiseberg/Shutterstock; p.12 Mark Lorch/Shutterstock; p.13 (arriba) Vidux/Shutterstock, (abajo) PeterG/Shutterstock; p.14 Nico Smit/iStockphoto; p.15 Hemera Technologies/Gettty Images; p.16 Jacek Chabraszewski/Shutterstock; p.17 Alexandr Ozernov/iStockphoto; p.18 Peter Wollinga/Shutterstock; p.19 (izquierda) Ramona Heim/Shutterstock, (derecha) Dmitriy Bryndin/Shutterstock; p. 20 Hemera Technologies/Getty Images; p.21 (arriba) Jim Lopes/Shutterstock, (abajo) stock master/Shutterstock; p.22 Lars Christensen/Shutterstock; p.23 (arriba) Stephanie Reid, (abajo) SebStock/Shutterstock; p.24 Dudarev Mikhail/Shutterstock; p.25 (arriba) Kesu/Shutterstock, (abajo) Jozsef Szasz-Fabian/Shutterstock; p.26 jovannig/Shutterstock; p.27 (arriba) Raimundas/Shutterstock, (abajo izquierda) Rudy Lopez Photography/Shutterstock, (abajo derecha) Nobor/Shutterstock; p.28 Rocket400 Studio/Shutterstock; p.29 Ana Clark; p.32 (izquierda) Roberto Danovaro, (derecha) Roberto Danovaro

Teacher Created Materials
5301 Oceanus Drive
Huntington Beach, CA 92649-1030
http://www.tcmpub.com

ISBN 978-1-4333-2590-8

Made in China
YiCai.032019.CA201901471

Tabla de contenido

¿A dónde va?

Llueve durante toda la noche. Después deja de llover. Todo está mojado. Sale el sol. El agua desaparece. ¡Parece magia! ¿A dónde va?

No es magia. Es la **evaporación**. El agua se evapora. Se transforma de líquido a gas.

La lluvia moja las cosas.

El sol ayuda a secar la lluvia.

La evaporación

La evaporación ocurre cuando un líquido se transforma en gas. El agua es un líquido. El aire está compuesto por gases. El agua cambia de forma. Se hace parte del aire.

La condensación ocurre cuando un gas se transforma en líquido.

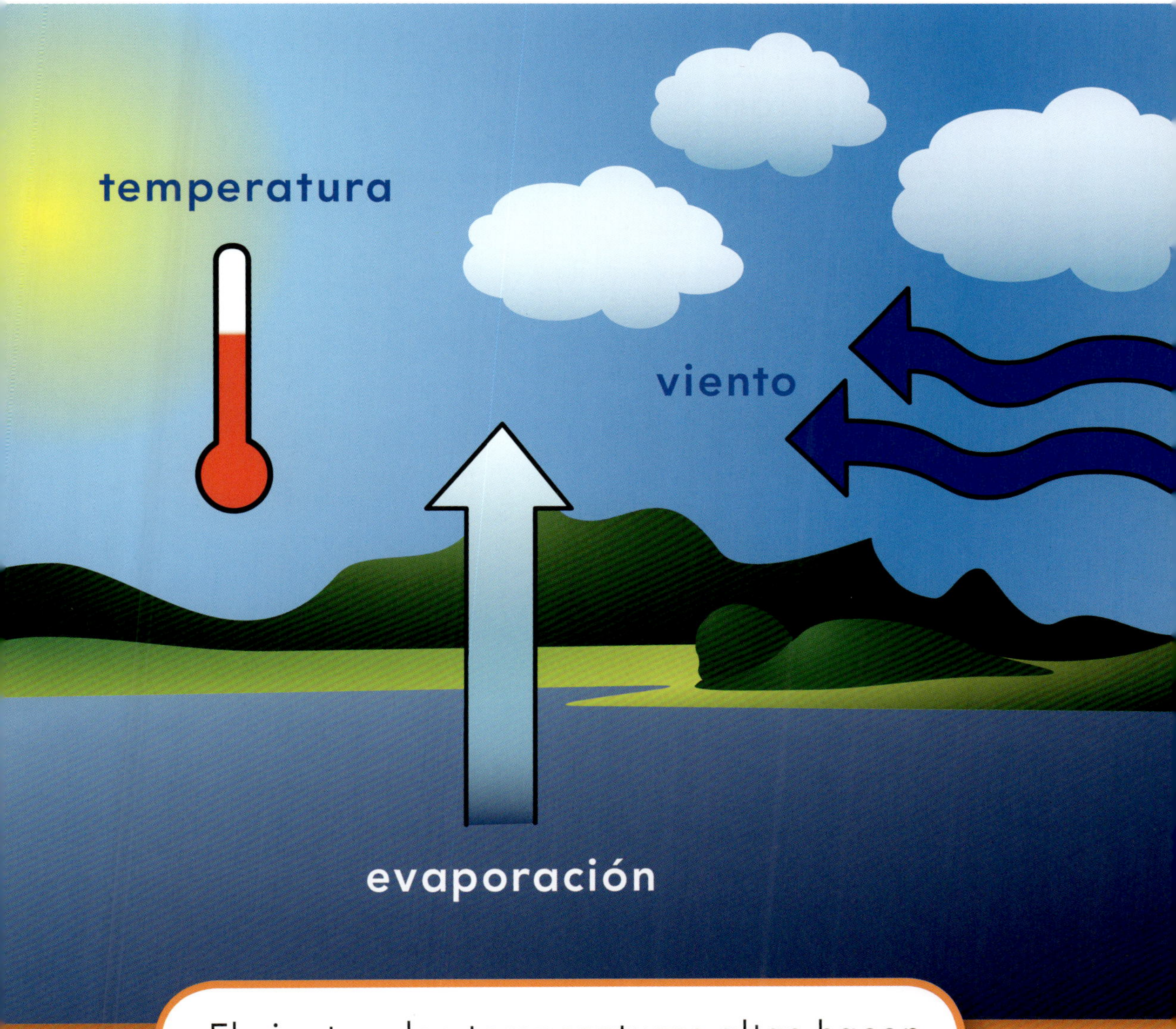

El viento y las temperaturas altas hacen que el agua se evapore más rápido.

Un líquido está compuesto por partes pequeñas. Las partes se llaman **moléculas**. No se pueden ver. Pueden escapar del líquido. En ese momento es cuando ocurre la evaporación.

Éste es un modelo a gran escala de una molécula de agua. Una molécula de agua es demasiado pequeña para verse.

Las moléculas de los líquidos están en movimiento. Se mueven más rápido cuando se calientan. Chocan unas contra otras. ¡Las moléculas de arriba pueden salirse! Se transforman en gas.

Piensa en cómo saltan las palomitas de maíz. Cuando las palomitas se calientan, algunas se salen de la olla. Esto puede ayudarte a entender la evaporación.

evaporación

Los líquidos que se calientan mucho se evaporan rápido. Los líquidos fríos se evaporan lentamente.

El calor del desierto evapora rápidamente el agua. Los animales que viven allí deben beber agua cuando la encuentran.

Dato curioso

Si un líquido se enfría tanto que se congela, se transforma en un sólido.

El líquido que se evapora se transforma en gas. Siempre podemos ver un líquido. A veces no podemos ver un gas.

El aire está lleno de gases. ¿Puedes verlos?

A veces hace calor, pero la evaporación es lenta. Eso es porque el aire ya está lleno. No hay mucho espacio para más gas. Eso se llama **saturación**. No hay espacio para más moléculas.

En la selva lluviosa, a veces las cosas permanecen mojadas porque el aire ya está muy húmedo.

El viento también ayuda a que los líquidos se evaporen. ¡Mucho viento hace que la evaporación sea rápida!

El viento ayuda a que la ropa se seque rápido.

Dato curioso

¿Alguna vez sacudiste las manos para secarlas? ¡Funciona debido a la evaporación!

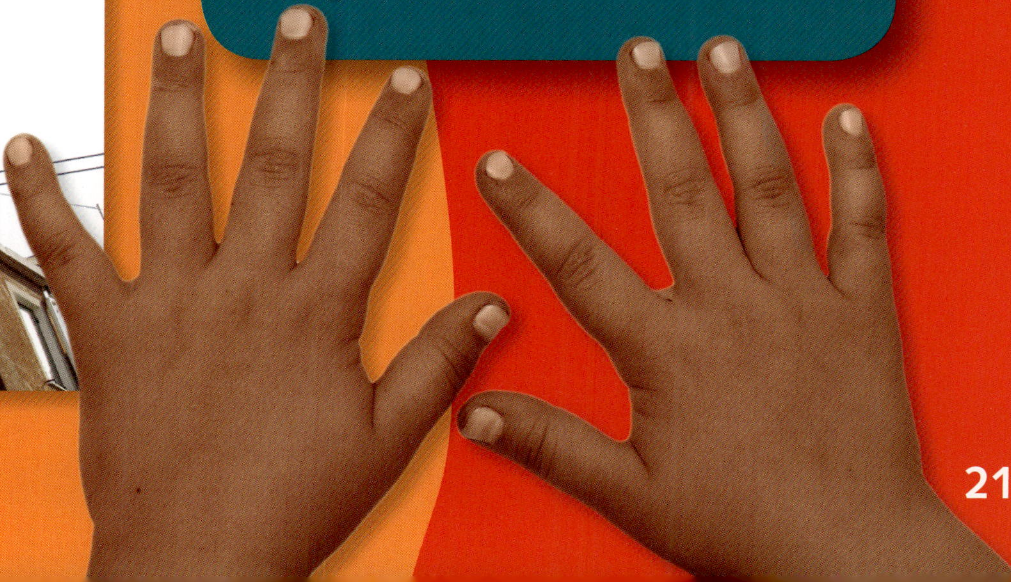

El ciclo del agua

La evaporación es parte del **ciclo del agua**. El ciclo del agua es cómo cambia el agua. Cambia de forma. El ciclo del agua es importante para la vida en la Tierra.

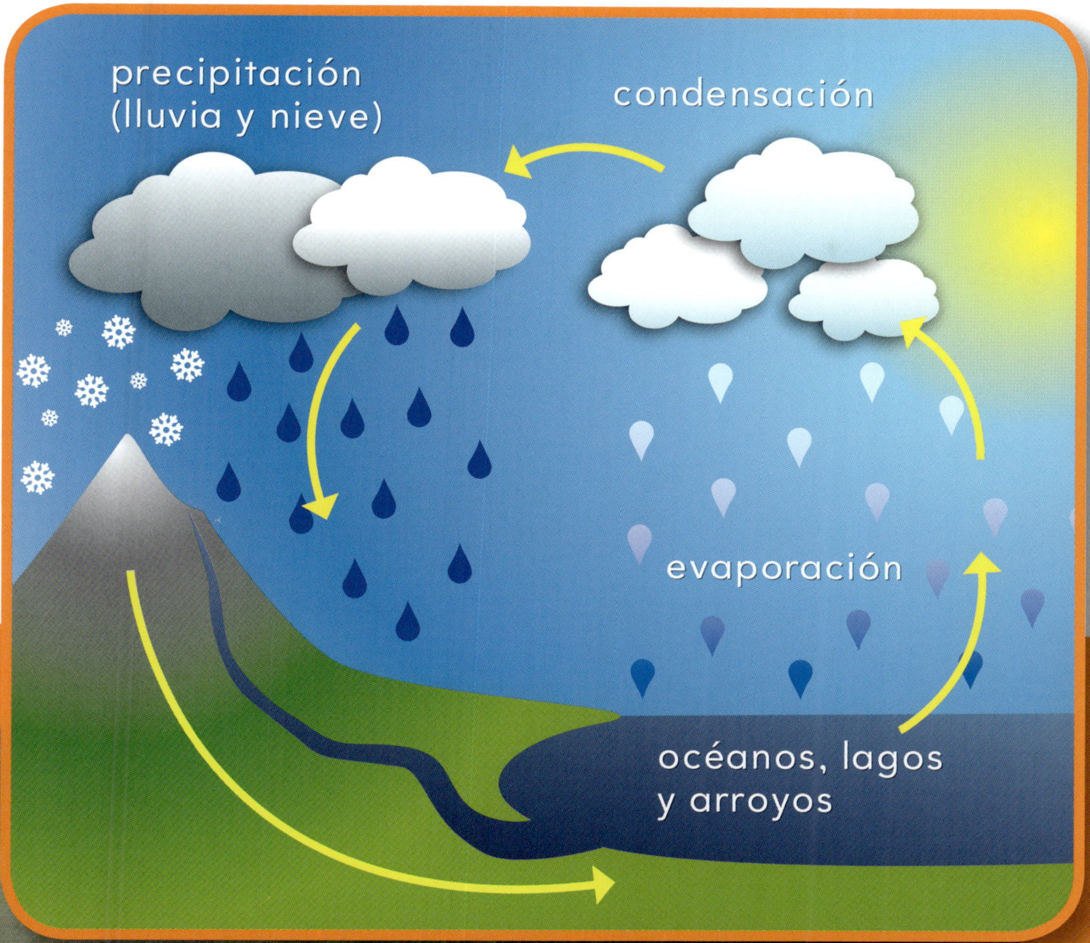
precipitación
(lluvia y nieve)
condensación
evaporación
océanos, lagos
y arroyos

El agua de la Tierra se evapora. Después se condensa. Puede caer sobre la Tierra en forma de lluvia o de nieve. Después vuelve a evaporarse. Esto ocurre una y otra vez.

No todos los líquidos se evaporan a la misma velocidad. El agua se evapora rápido. La leche o el aceite se evapora más lentamente.

La evaporación es sólo una parte del ciclo. ¡Pero el ciclo no funcionaría sin ella!

Laboratorio de ciencias: ¿Qué es la evaporación?

Si sigues estos pasos, puedes ver la evaporación en acción.

Materiales:

- 2 vasos de plástico claro
- marcador
- envoltura plástica
- agua
- un día soleado

Procedimiento:

1. Llena ambos vasos con agua. Asegúrate de que tengan la misma cantidad de agua.
2. Tapa uno de los vasos con envoltura plástica.
3. Marca la línea del agua en ambos vasos.
4. Coloca los vasos afuera al sol donde nada los hará caer.

5 Después de dos horas, revisa los vasos. ¿Bajó el nivel de agua en uno de los vasos? Marca la nueva línea de agua.

6 En dos horas más, vuelve a revisar. Vuelve a marcar la línea de agua.

7 Continúa revisando. Verás que el vaso que no está cubierto está perdiendo agua. Pero el agua no se derramó. Se evaporó con el calor del sol. La envoltura plástica no permite que el agua del segundo vaso se evapore, y por eso toda el agua debería estar allí.

Glosario

ciclo del agua—el proceso que experimenta el agua cuando pasa de un estado a otro

condensación—la acción de transformar un gas en líquido

evaporación—la acción de transformar un líquido en gas

moléculas—las partes muy pequeñas que componen los sólidos, los líquidos y los gases

saturación—cuando algo está lleno

Índice

Un científico actual

Roberto Danovaro vive en Italia. Es un científico que estudia los animales marinos. ¡Descubrió el primer animal pluricelular que conocemos que vive sin oxígeno! El animal vive en el lodo en el fondo del océano.

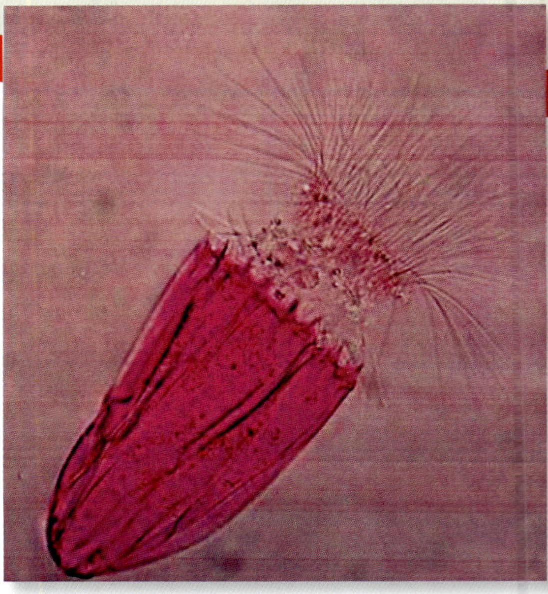